C000061251

If found, please return to:

Name: _____

Call/Text: _____

Email: _____

Address: _____

_____

_____

January

S	M	T	W	T	F	S

Goals

_____

_____

_____

Affirmations

_____

_____

_____

Monthly Brain Dump

Week of...

_____

_____

Monday the _____	Tuesday the _____
Wednesday the _____	Thursday the _____
Friday the _____	Saturday the _____

Sunday the _____

To Do

Don't Forget

Reflections

Week of...

_____

_____

Monday the _____	Tuesday the _____
Wednesday the _____	Thursday the _____
Friday the _____	Saturday the _____

Sunday the _____

To Do

....

....

....

....

....

....

....

....

....

Don't Forget

....

....

....

....

....

....

....

....

....

Reflections

Week of...
_____
_____

Monday the _____	Tuesday the _____
Wednesday the _____	Thursday the _____
Friday the _____	Saturday the _____

Sunday the _____

To Do	Don't Forget

Reflections

Week of...

_____

_____

I'm grateful for...

Monday the _____

Tuesday the _____

Wednesday the _____

Thursday the _____

Friday the _____

Saturday the _____

Sunday the _____

To Do	Don't Forget

Reflections

February

S	M	T	W	T	F	S

Goals

_____

_____

_____

Affirmations

_____

_____

_____

Monthly Brain Dump

Week of...
_____
_____

Monday the _____	Tuesday the _____
Wednesday the _____	Thursday the _____
Friday the _____	Saturday the _____

Sunday the _____

To Do

Don't Forget

Reflections

Week of...

_____

_____

I'm grateful for...

Monday the _____	Tuesday the _____
Wednesday the _____	Thursday the _____
Friday the _____	Saturday the _____

Sunday the ＿＿＿＿＿

To Do	Don't Forget

Reflections

Week of...
_____
_____

I'm grateful for...

Monday the _____	Tuesday the _____
Wednesday the _____	Thursday the _____
Friday the _____	Saturday the _____

Sunday the _____

To Do	Don't Forget

Reflections

Week of...

_____
_____

Monday the ____	Tuesday the ____
Wednesday the ____	Thursday the ____
Friday the ____	Saturday the ____

Sunday the _____

To Do

Don't Forget

....

....

....

....

....

....

....

....

....

....

Reflections

March

S	M	T	W	T	F	S

Goals

_____

_____

_____

Affirmations

_____

_____

_____

Monthly Brain Dump

Week of...

_____

_____

I'm grateful for...

Monday the _____	**Tuesday the** _____
Wednesday the _____	**Thursday the** _____
Friday the _____	**Saturday the** _____

Sunday the _____

To Do	Don't Forget

Reflections

Week of...

_____

_____

Monday the ____	Tuesday the ____
Wednesday the ____	**Thursday the ____**
Friday the ____	**Saturday the ____**

Sunday the _____

To Do	Don't Forget

Reflections

Week of...

_____

_____

Monday the ____

Tuesday the ____

Wednesday the ____

Thursday the ____

Friday the ____

Saturday the ____

Sunday the _____

To Do

Don't Forget

Reflections

Week of...

_____

_____

I'm grateful for...

Monday the ____	Tuesday the ____
Wednesday the ____	Thursday the ____
Friday the ____	Saturday the ____

Sunday the _____

To Do	*Don't Forget*

Reflections

April

S	M	T	W	T	F	S

Goals

_____

_____

_____

Affirmations

_____

_____

_____

Monthly Brain Dump

Week of...

_____

_____

I'm grateful for...

Monday the _____	Tuesday the _____
Wednesday the _____	Thursday the _____
Friday the _____	Saturday the _____

Sunday the _____

To Do

Don't Forget

Reflections

Week of...

_____

_____

Monday the ____	Tuesday the ____
Wednesday the ____	Thursday the ____
Friday the ____	Saturday the ____

Sunday the _____

To Do	Don't Forget

Reflections

Week of...

_____

_____

I'm grateful for...

Monday the _____	Tuesday the _____
Wednesday the _____	**Thursday the _____**
Friday the _____	**Saturday the _____**

Sunday the _____

To Do	Don't Forget

Reflections

Week of...

_____

_____

I'm grateful for...

Monday the ____	Tuesday the ____
Wednesday the ____	**Thursday the ____**
Friday the ____	**Saturday the ____**

Sunday the ___

To Do	Don't Forget

Reflections

May

S	M	T	W	T	F	S

Goals

_____

_____

_____

Affirmations

_____

_____

_____

Monthly Brain Dump

Week of...
_____
_____

I'm grateful for...

Monday the _____

Tuesday the _____

Wednesday the _____

Thursday the _____

Friday the _____

Saturday the _____

Sunday the _____

To Do	Don't Forget

Reflections

Week of...

_____

_____

Monday the _____	Tuesday the _____
Wednesday the _____	Thursday the _____
Friday the _____	Saturday the _____

Sunday the _____

To Do	Don't Forget

Reflections

Week of...

_____

_____

Monday the ____	Tuesday the ____
Wednesday the ____	Thursday the ____
Friday the ____	Saturday the ____

Sunday the _____

To Do

Don't Forget

Reflections

Week of...
_____
_____

I'm grateful for...

Monday the ____

Tuesday the ____

Wednesday the ____

Thursday the ____

Friday the ____

Saturday the ____

Sunday the _____

To Do	Don't Forget

Reflections

June

S	M	T	W	T	F	S

Goals

_____

_____

_____

Affirmations

_____

_____

_____

Monthly Brain Dump

Week of...
_____
_____

I'm grateful for...

Monday the _____

Tuesday the _____

Wednesday the _____

Thursday the _____

Friday the _____

Saturday the _____

Sunday the _____

To Do

Don't Forget

Reflections

Week of...

_____

_____

I'm grateful for...

Monday the _____	Tuesday the _____
Wednesday the _____	Thursday the _____
Friday the _____	Saturday the _____

Sunday the _____

To Do	Don't Forget

Reflections

Week of...
_____
_____

I'm grateful for...

Monday the _____	Tuesday the _____
Wednesday the _____	**Thursday the _____**
Friday the _____	**Saturday the _____**

Sunday the _____

To Do	Don't Forget

Reflections

Week of...

_____

_____

I'm grateful for...

Monday the _____	Tuesday the _____
Wednesday the _____	**Thursday the _____**
Friday the _____	**Saturday the _____**

Sunday the _____

To Do	Don't Forget

Reflections

July

S	M	T	W	T	F	S

Goals

_____

_____

_____

Affirmations

_____

_____

_____

Monthly Brain Dump

Week of...

_____

_____

Monday the _____	Tuesday the _____
Wednesday the _____	Thursday the _____
Friday the _____	Saturday the _____

Sunday the _____

To Do	Don't Forget

Reflections

Week of...

_____

_____

I'm grateful for...

Monday the ____

Tuesday the ____

Wednesday the ____

Thursday the ____

Friday the ____

Saturday the ____

Sunday the _____

To Do

Don't Forget

Reflections

Week of...

_____

_____

I'm grateful for...

Monday the _____	Tuesday the _____
Wednesday the _____	**Thursday the** _____
Friday the _____	Saturday the _____

Sunday the _____

To Do	Don't Forget

Reflections

Week of...

_____

_____

Monday the _____	Tuesday the _____
Wednesday the _____	Thursday the _____
Friday the _____	Saturday the _____

Sunday the _____

To Do

Don't Forget

Reflections

August

S	M	T	W	T	F	S

Goals

_____

_____

_____

Affirmations

_____

_____

_____

Monthly Brain Dump

Week of...

_____

_____

I'm grateful for...

Monday the ____	Tuesday the ____
Wednesday the ____	**Thursday the ____**
Friday the ____	**Saturday the ____**

Sunday the _____

To Do	Don't Forget

Reflections

Week of...

_____
_____

I'm grateful for...

Monday the ____	Tuesday the ____
Wednesday the ____	Thursday the ____
Friday the ____	Saturday the ____

Sunday the _____

To Do	Don't Forget
....	....
....	....
....	....
....	....
....	....
....	....
....	....
....	....
....	....
....	....

Reflections

Week of...

_____

_____

I'm grateful for...

Monday the ____	Tuesday the ____

Wednesday the ____	Thursday the ____

Friday the ____	Saturday the ____

Sunday the _____

To Do	Don't Forget

Reflections

Week of...
_____
_____

Monday the _____	Tuesday the _____
Wednesday the _____	Thursday the _____
Friday the _____	Saturday the _____

Sunday the _____

To Do	Don't Forget

Reflections

September

S	M	T	W	T	F	S

Goals

_____

_____

_____

Affirmations

_____

_____

_____

Monthly Brain Dump

Week of...

_____

_____

I'm grateful for...

Monday the ____	Tuesday the ____
Wednesday the ____	Thursday the ____
Friday the ____	Saturday the ____

Sunday the _____

To Do

....

....

....

....

....

....

....

....

....

....

Don't Forget

....

....

....

....

....

....

....

....

....

....

Reflections

Week of...

_____

_____

I'm grateful for...

Monday the ____	Tuesday the ____
Wednesday the ____	Thursday the ____
Friday the ____	Saturday the ____

Sunday the _____

To Do	Don't Forget

Reflections

Week of...

_____

_____

I'm grateful for...

Monday the ____	Tuesday the ____
Wednesday the ____	Thursday the ____
Friday the ____	Saturday the ____

Sunday the _____

To Do	Don't Forget

Reflections

Week of...

_____

_____

Monday the ____	Tuesday the ____
Wednesday the ____	Thursday the ____
Friday the ____	Saturday the ____

Sunday the _____

To Do

Don't Forget

Reflections

October

S	M	T	W	T	F	S

Goals

_____

_____

_____

Affirmations

_____

_____

_____

Monthly Brain Dump

Week of...

_____

_____

Monday the _____	Tuesday the _____
Wednesday the _____	Thursday the _____
Friday the _____	Saturday the _____

Sunday the _____

To Do	Don't Forget

Reflections

Week of...

_____

_____

Monday the ____

Tuesday the ____

Wednesday the ____

Thursday the ____

Friday the ____

Saturday the ____

Sunday the _____

To Do	Don't Forget
....	....
....	....
....	....
....	....
....	....
....	....
....	....
....	....
....	....

Reflections

Week of...
_____
_____

I'm grateful for...

Monday the _____

Tuesday the _____

Wednesday the _____

Thursday the _____

Friday the _____

Saturday the _____

Sunday the _____

To Do	Don't Forget

Reflections

Week of...

_____

_____

I'm grateful for...

Monday the _____

Tuesday the _____

Wednesday the _____

Thursday the _____

Friday the _____

Saturday the _____

Sunday the _____

To Do	Don't Forget

Reflections

November

S	M	T	W	T	F	S

Goals

_____

_____

_____

Affirmations

_____

_____

_____

Monthly Brain Dump

Week of...

_____
_____

I'm grateful for...

Monday the _____	Tuesday the _____

Wednesday the _____	Thursday the _____

Friday the _____	Saturday the _____

Sunday the _____

To Do	Don't Forget

Reflections

Week of...
_____
_____

Monday the ____	Tuesday the ____
Wednesday the ____	**Thursday the ____**
Friday the ____	**Saturday the ____**

Sunday the _____

To Do	Don't Forget

Reflections

Week of...

_____

_____

Monday the _____	Tuesday the _____
Wednesday the _____	**Thursday the _____**
Friday the _____	**Saturday the _____**

Sunday the _____

To Do

Don't Forget

Reflections

Week of...

_____

_____

Monday the ____	Tuesday the ____
Wednesday the ____	Thursday the ____
Friday the ____	Saturday the ____

Sunday the _____

To Do	Don't Forget

Reflections

December

S	M	T	W	T	F	S

Goals

_____

_____

_____

Affirmations

_____

_____

_____

Monthly Brain Dump

Week of...

_____

_____

I'm grateful for...

Monday the ____	Tuesday the ____
Wednesday the ____	Thursday the ____
Friday the ____	Saturday the ____

Sunday the _____

To Do	Don't Forget

Reflections

Week of...

_____

_____

Monday the ____	Tuesday the ____
Wednesday the ____	Thursday the ____
Friday the ____	Saturday the ____

Sunday the _____

To Do	Don't Forget

Reflections

Week of...
_____

_____

I'm grateful for...

Monday the ____	Tuesday the ____
Wednesday the ____	Thursday the ____
Friday the ____	Saturday the ____

Sunday the _____

To Do	**Don't Forget**

Reflections

Week of...

_____

_____

Monday the ____

Tuesday the ____

Wednesday the ____

Thursday the ____

Friday the ____

Saturday the ____

Sunday the _____

To Do	Don't Forget

Reflections